AF607772

Llaves para una revolución

Primera edición: enero de 2025

info@preguntaediciones.com
www.preguntaediciones.com

Ilustración de cubierta: Raquel Marín
ISBN: 978-84-19766-63-2
Depósito legal: Z-109-2024

Printed in Spain. Impreso en España por Estilo Estugraf Impresores

Llaves para una revolución

Begoña Abad

PREGUNTA

Para María y Alejandro,
que ya están buscando las
llaves para su revolución

La mejor revolución:
no darme por vencida,
no entrar en sus cantos de sirena,
no permitirme la amargura,
no dejar un espacio para el odio,
no olvidar la mirada de niña,
no dar por perdida la esperanza.

*

Yo seré Numancia,
invencible, resistencia pura,
seré siempre ahora.
Un ahora lleno de vida.
Impronunciable palabra
desde el valle de las tinieblas.
Soy ahora de un modo irrenunciable.

*

No tengo hipoteca, no tengo dueño.
No tengo coche, no me conducen.
No tengo título, no me admiran.
No tengo bienes, nadie me envidia.
No tengo grupo, nadie me retiene.
No tengo deseos, nada me ata.
No tengo sexo, nadie me entiende.
No tengo futuro, soy dueña del hoy.
No tengo resentimiento, nadie me
inquieta.
No tengo deudas, nadie me persigue.
No tengo dioses, nadie me condena.
Soy demasiado mayor para estas cosas,
por eso soy obscenamente feliz.

*

Yo siempre quise ser aventurera,
licenciarme en improvisación.

*

Desposeer, desposeerme:
distraerme, extraerme,
retrotraerme, sustraerme,
absorberme, sorberme,
acaecerme, acontecerme,
adormecerme, compadecerme,
convencerme, desaparecerme,
desconocerme, deshacerme,
desobedecerme, ensombrecerme,
ensordecerme, enternecerme,
esclarecerme.
Comenzar el vuelo ligera de equipajes.

*

Dadme un punto de apoyo
y moveré el mundo.
Y apareciste tú.

*

Y llegó siempre el agua a la orilla
de mi sed sin ser llamada.
En esa verdad creo.

*

Sé que Dios existe porque tú existes.

*

Confianza

Agotada de tanta búsqueda
comprendió
que el misterio era bien sencillo:
dejarse encontrar.

*

Fuera de serie

Nunca me ha gustado llevar
un número grabado,
ni siquiera el número uno.
Prefiero ser una fuera de serie.

*

La transparencia,
la desnudez,
la mayor de mis fortalezas.

*

En la fila de hormigas
el único horizonte posible
es la hormiga que camina delante.

*

Si te sales de la fila de hormigas,
te amenazan desde que naces,
te perderás, estarás sola.
Ninguna de las que se salió
ha vuelto jamás, te repiten.
Pero yo sé que soy hormiga alada
y que lo que brilla es luz
y que sólo se puede ver alzando el vuelo.

*

Vivir con amor
mi divina insignificancia,
en eso consiste la felicidad.

*

Hay cosas que sólo a ti te he dicho.
Esa es mi forma de quererte.

*

Cada mañana despertar
sabiendo que la vida se hace en mí.

*

Sólo algunas ostras consiguen
una perla en su interior.
Son justo las heridas
por un grano de arena.

*

He cambiado radicalmente de vida.
Antes vivía con tu soledad,
ahora vivo con mi compañía.

*

Mira cómo resuelve el agua
su búsqueda del mar
y verás la vida, mi vida,
en busca de la luz.

*

Vine a este mundo como aprendiz de
amor.
Todas mis desdichas suceden
cuando lo olvido
y me empeño en hacer algo más
importante.

*

Era mi héroe favorito,
cada día hacía lo posible
para ser feliz.

*

Mirar alrededor,
mirar más lejos,
mirar al interior,
mirarlo todo con asombro.

Mirar sin juzgar
mirar como si fuera la primera vez
y ver la misma luz.

*

Me gusta la brevedad, me dijo
sólo te amaré lo que dure la vida.

*

Cada vez que intento alzar el vuelo
tengo que soltarme las ataduras
de quienes dicen quererme
y me atan con sus miedos.
Como mucho, me quieren como
paloma mensajera,
de ida y vuelta,
pero yo sueño con ser aire.

*

Aunque ese vuelo te alejara de mí,
hoy quiero enseñarte a volar
porque no encuentro otro modo mejor
de amarte.

*

Conservar el fuego desde que fue
inventado.
En eso consiste, cada día,
esta tarea de vivir.

*

Lo efímero

No decido lo que he de saber,
ni lo que escribiré.

*

Lo eterno

Ser cada vez más la música,
olvidarme como instrumento que la
interpreta.

*

Intimidad

Lo que ocurre
cuando ni siquiera nos rozamos
y sin embargo
todo lo que nos rodea
es una luz
que los demás respiran.

*

El primer acto amoroso de hoy:
no permitir que tu pensamiento
me haga daño.

*

¡Ay de quien cierra la mano
y retiene en lugar de albergar!
No sabrá de la belleza
de regalar libertad.

*

Nacer arroyo, aprovechar los arroyos
que se suman a tu caudal
y llegar al mar teniendo algo que
aportar.

*

Me negarás tres veces más
mientras sonríes
guardando las formas.
Saber que ya nunca
podrías consolarme
te ha hecho invisible.

*

Aprendizaje

Aprendo, mientras recojo palabras,
que lo importante no es la cosecha,
es el gesto al agacharme.
Cuanto más abajo yo
mejor se ve el paisaje.

*

Para su guerra sólo sirven sus armas.
Para mi lucha sólo sirve mi calma.

*

Cuando me atrevo a detenerme
y reconozco el riesgo de lo inseguro,
estoy mirando de frente a la belleza.

*

Siempre sé sin saber
las cosas importantes de la vida,
entonces es cuando más cerca de ti
me siento.
Nada tengo que preguntarte.
Nada que juzgar, ni corregir.
Nada hay que pueda yo contra la nada
tan llena, tan perfecta
cuando entro en ella desnuda, a solas.

*

Ver en los otros sólo
la diferente manera de vivir
la luz que son,
la luz que somos.

*

No soy lo que tú ves
ni lo que piensas de mí,
ni soy lo que digo o pienso.
No hagas el esfuerzo de etiquetarme,
no soy nada de eso.
Haz silencio, eso somos.

*

Cada día, con la escasa luz de un candil,
mi abuela buscaba piedras entre las
lentejas.
Yo he heredado esa manía
y ando buscando tesoros entre los
escombros.

*

Aquí vengo hoy
con la mayor de mis cargas
el desamor en el que me convierto

cuando me juzgo,
cuando te juzgo.

*

Yo no escribo, no sé escribir.
Las letras solas se llaman y acuden
como plaquetas a taponar heridas.
Ya quisiera yo saber escribir
ponerlas hermosas unas junto a otras
y sacarlas de paseo como a mis hijos.
Presumir como madre.
Yo sólo soy herida que habla.

*

Las máscaras
no nos dejan ver las tragedias,
los incendios y el temblor.
No podemos acercarnos
a la piel
que demanda misericordia.

*

No dejo doblez para el disimulo,
voy a pecho descubierto.
¿Quién cree que puedo estar
aislada del otro?
Alargo mi sombra incluso,
para ampararle y sumarme a la suya.
La salida siempre señala hacia adentro.

*

Llega a mi mano el pájaro seguro
y elijo ciento volando
para hacer nuestro nido,
porque no construyo nunca en lugares
que no lleven intemperie a mano.
Nuestro nido existe
desde el comienzo de los tiempos,
por eso existe también para siempre.

*

En el camino del dolor florece,
a veces, tímida, la esperanza.
Es en el silencio donde se afianza su raíz.

*

Me olvidé de decirte
que en mitad de lo oscuro
y cuando no reconocía siquiera
una mano de la otra,
apareció el luminoso asombro.

*

¿Cómo se está poeta?, preguntan.
«Pues... Miro el movimiento incesante
de la Vida y a veces me olvido de mí
y simplemente siento que soy ella».
Respondo sin haber buscado las
palabras.

*

De la piedra, el musgo elijo ser.
De la herrumbre, bisagra que abra
puertas elijo.

*

Tantos años queriendo ser pájaro
y a estas alturas preferir ser rama
donde puedas posarte cada noche.

*

Yo tuve que irme
pero fuiste tú quien me abandonó.

*

Abro los ojos, abro los brazos,
abro el día, abro el periódico,

abro el ordenador, abro la mente,
abro el misterio, cierro todo lo demás
y me dejo hacer, agradecida.

*

Hace ya muchos años
que dejé de comprar amor.
Decidí que prefería regalarlo.

*

Las cosas que tengan que suceder,
sucederán.
Son las cosas importantes,
como suceden las estaciones
aun en tiempo de guerras y de muerte.
El resto quedará por el camino
sin pena ni gloria.
Así sucedió contigo.

*

Vivir en los márgenes tiene ventajas.
En los márgenes de la vida,
en los márgenes de la herida...
En los márgenes está más cerca la salida.

*

Mientras me desangro y descoyunto
cada vez son más los instantes
de brillante despertar.

*

Fuiste eterno, magnánimo,
compasivo, generoso,
mientras yo te mire como eterno,
magnánimo, compasivo, generoso,
así descubrí todo lo que mi forma
de mirar es capaz de conseguir.

Ahora miro las piedras
y las hago brillar.

*

Mientras te estuve amando no sabía
que serías el amor de mi vida.
Mientras cruzaba el desierto del dolor
no sabía que sería el camino
que más florecería.

*

El agua no sabía, la piedra no sabía.
El agua se acercaba suavemente a la
piedra
cada día de camino a lo desconocido.
La piedra tal vez creía en su inmutable
dureza.
El agua no imaginaba, no pretendía.
La piedra tampoco.

El agua ablandaría la piedra.
La piedra no sería nunca más
útil para ser lanzada contra nadie.
El agua y la piedra siguen sin saber
dejan que todo suceda.

*

Iré tan lejos
como me lleva mi pensamiento,
pero volveré siempre
a la casa que habito.

*

Nací para aprender
y saberlo me mantiene
humildemente feliz
y eternamente asombrada.

*

Morirme de amor con el amor a mano
amando hasta el final,
armada de amor infatigable,
y no siendo por amor
no volver nunca los pasos hacia atrás
pero si por él es, volverme
para volver a morirme de amor
tantas vidas como amor me quede.
Desarmada de amor eternamente,
así quiero vivirme.

*

Hoy he sabido de ti.
Hoy he muerto un poco menos

*

Tal vez al final sea mejor no tener
infancia feliz a la que querer volver.
Tal vez sea mejor haber quemado las

naves para poder mirar la realidad en el ahora y tratar de dar nuestra mejor versión con lo aprendido.

*

Está aquí ahora,
cierro los ojos y me lo repito
para poder saborearlo cuando diga
estuvo aquí entonces y estará
siempre en mi corazón.

*

Desaprenderme,
desabrocharme,
desperezarme,
para no desesperanzarme,
para elegir cada día
un nuevo modo
de hacerme más humano,
de regresar a casa.

*

Me empecé a morir el 24 de marzo de 1952.
Morí otro poco
la primavera de mis quince años,
el verano de mis cuarenta cinco,
el otoño de mis sesenta y cinco…
Moriré definitivamente
en una fecha que desconozco,
dejaré de hablar de la muerte
y empezaré a vivir.

*

Ya no permito que nadie
me expulse del paraíso.
Yo soy el paraíso.

*

Abandonar la búsqueda,
abandonarse

y dejar que ya sea posible
todo lo buscado.

*

Recojo astillas del árbol caído
las junto todas y me sale un hombre,
una mujer, siempre.
Dicen que escribo poesía.
El caso es poner nombres pomposos
a lo natural.

*

Plegaria inacabada

Que valga la pena cada día
y lo que traiga de su mano.
Que siga encontrando tesoros
entre los escombros.
Que la transparencia y la desnudez

sigan siendo la mayor de mis fortalezas.
Que mi último pensamiento sea
el amor que te tuve y aún te tengo.

*

Ya soy lo que busco
de un modo agotador,
sólo me falta reconocerme
en cada presente.

*

La meta

La maravilla de saber
que donde ya estoy
es justo donde quería llegar.

*

Caí en el frente de la vida,
y tantas veces caí
que es desde el suelo desde donde
más aprendí con el paso de los años.
Desde abajo todo tiene otra mirada
y en cada levantarme
solamente las gracias acudían.
Ahora sé a qué vine a este mundo:
a agradecer todo.

*

Nunca vendrás a vivir conmigo
Pero cada vez que me preguntas
si podrías hacerlo,
a mi casa se le caen las paredes,
se convierte en un paraíso
sin puertas ni ventanas
y todas las aves del planeta
envidian el vuelo
de ese sueño que ensayamos.

*

La vida me ha modificado, ya no dejo
la puerta abierta como siempre hacía.
Pero siempre dejo agua y pan
al otro lado, por si alguien espera
que la abra en algún momento.

*

Donde no queda rescoldo
a qué acercar un fósforo...
Y sin embargo hay que meter el puño
en el costado para comprobarlo.

*

Mírate, pareces vencido y sin embargo
sigue tu aliento dispuesto, y late tu
corazón
cuando el ser amado aparece y te mira,

así llamas a las cosas por su nombre
y sientes el dolor y el Amor con la
misma intensidad.

*

Avanzo asustada entre espinas,
ciega de dolor a veces.
Las manos de los que me guían
me levantan, una y otra vez.
Sale el sol cada ahora y eso tengo.
Por fin veo la rosa.

*

Cierra los ojos, déjate hacer,
contempla ese lugar donde estás vivo.
Abrázate y confía, estás siendo amado
y sostenido por el Amor, recuérdalo.

*

Hoy ha venido el árbol hasta mí,
sabía que yo estaría inmóvil
y ha alargado sus ramas hasta mi
ventana.
Sabe que siempre sonrío con su danza.

*

Te esperaba la margarita
que apenas asoma entre la hierba
y hace lo posible por alzarse sobre el
tallo
para hacerte saber que vive por ti,
os parecéis tanto...
No me olvides, te dice, te espero
mañana.

*

La verdadera confianza en la Vida nace
del corazón cuando has aceptado desde

él tu vulnerabilidad, tu insignificancia.
La más liberadora de las rendiciones.

*

No soy yo
es lo que SOY
quien te ama

*

Lo que hago en ti
lo que haces en mí,
es lo que quedará después
cuando no estemos.

*

En el principio

Hablamos del tamaño de las manos
por si no cabía en ellas la esperanza.

*

Qué bien no saber nada,
no saber nunca,
acallar el ego tantas veces vociferante.

*

En lo oscuro, lo más oscuro,
y allá es justo donde la luz anida.
A tientas entrarás y confiado,
que nada has de dirigir.
Mudo, ciego, ignorante
de lo que existe después,
caminarás hacia la gloria.

*

Me acerco así, de puntillas, a tu
soledad, tu dolor, tu miedo...
Permanezco atenta con la luz a mano,

me regalo tu silencio obstinado
y miro tu espalda llena de esa luz tuya
que tú no ves.

*

Y llegó la estrella a posarse en la frente
de todos los hombres de la tierra
pero algunos, deslumbrados por tanta
belleza,
se taparon los ojos
y siguieron creyendo en su mala
fortuna.

*

Cuando se es consciente
de que eres diminuta,
sólo te queda una salida:
aprender a crecer.
Cuando no se es nada

no se tiene miedo a nada
y se puede quererlo todo.

*

El dolor del amor propio herido,
levanta trincheras.
El dolor del amor a los demás, herido,
las derriba.

*

Me pregunto
a quién le faltará
todo lo que a mí me sobra.

*

Nadie aprende antes de estar
preparado para aprender.

*

Un ser tira de otro
y, sin saberlo,
ambos tiran del universo.

*

Aprendiz de amar

«Hay muchas formas de amar…
algunas, ni siquiera están en los libros».
Mientras las busco todas,
pasa la vida.

*

Estoy cocinando el AMOR a fuego lento.
Cada día enciendo la llamita
que lo haga borbotear y miro el hervor,
ensimismada.

No pienso en si vendrás, por fin,
a degustar lo que es tuyo,
me ocupo de que no se apague esa llama
que lo mantenga vivo.

*

La perversión consiste
en convencernos
de que la bondad
equivale a la estupidez.

*

Un hombre es sólo
un hombre solo.
Dos hombres son
sólo un hombre,
sólo.

*

No hubo hueso de varón que me
naciera
ni quise usar quijada de asno para
matar.
Para la historia no cuento.

*

Medito, con los ojos abiertos
en mitad del campo de batalla,
para que entre por ellos la belleza.

*

Encriptación cuántica

Si me miras, sólo me ves,
pero si no me ves,
soy todas las posibilidades.

*

No hace falta ilustración
para saber lo que es justo.

*

Madre fósil

Ojalá me encontraras siempre
dentro de ti.
Aunque la vida se empeñe
en convertirte en piedra.

*

Celebra incluso si la guerra entra en
tu casa.
Tu casa va contigo siempre,
mantén ese lugar sagrado,
mantén el fuego listo,
y la luz a mano.
Es todo lo que tienes para la batalla.

*

Si temes que mi sombra te asombre
es que aún no has visto
la luz que llevas contigo.

*

Aprendo cada día a desaprenderme.

*

Lo primero que recuerdo de esta vida
es que alguien me sopló en la cara.
No recuerdo nada de mi vida anterior.

*

Sólo soy un vaso que rebosa,
todo son gotas,
podrías haber sido una gota de menos.

*

Portadores de la luz
y sin embargo ciegos,
avanzan con la espesa
y untuosa baba de la soledad
pegada a sus alas.
Los hombres se abren paso a tientas.

*

Permitir que la vida vaya
construyéndonos
como el templo que somos,
sin oponer la torpe resistencia
de nuestros miedos.

*

Vivo aún
sólo para que tú tengas
un lugar adonde volver siempre.

*

Mi mano son cinco continentes
que te albergan y te dan cobijo.

*

Mira si es dura la piedra,
sin embargo permite
que una pluma deje su huella impresa.
No será tu corazón más duro que la
piedra,
te perderías la belleza de la pluma.
El tiempo ablanda las piedras
y los corazones, por fortuna.

*

Poder quedarme quieta
mirando a las hormiguitas
que corren veloces, estresadas,

y sin poder detenerse a pensar
si vale la pena todo esto.

*

Proteger la ternura y la compasión
por encima de todo.
Cuidar es eso.

*

Experiencia cercana a la Vida:
ver la luz al final de todos los túneles.

Otros títulos de Begoña Abad en Pregunta Ediciones

Poesía

Estoy poeta (o diferentes maneras de estar sobre la Tierra)
Prólogo de Fermín Herrero

Diez años de sol y edad (Antología 2006-2016)
Prólogo de María Ángeles Pérez López

El techo de los árboles
Prólogo de José María García Linares

El lenguaje de las ballenas
Prólogo de Alberto García-Teresa

Madres

A la izquierda del padre
Prólogo de Miriam Reyes

Relatos

Cuentos detrás de la puerta
Prólogo de María Pilar Salas Franco

Estudios sobre su obra

José María García Linares
Nacer para aprender, volar para vivir. Un acercamiento a la poesía de Begoña Abad